ELLAS
ABRIERON CAMINO

MUJERES EN LA EXPLORACIÓN DEL ESPACIO

Caitie McAneney

Traducido por
Esther Sarfatti

PowerKiDS
press.

Nueva York

Published in 2016 by The Rosen Publishing Group, Inc.
29 East 21st Street, New York, NY 10010

First Edition

Editor: Sarah Machajewski
Book Design: Reann Nye
Translator: Esther Sarfatti

Cataloging-in-Publication Data

McAneney, Caitlin, author.
 Mujeres en la exploración del espacio / Caitie McAneney, translated by Esther Sarfatti.
    pages cm. — (Ellas abrieron camino)
 Includes bibliographical references and index.
 ISBN 978-1-4994-0553-8 (pbk.)
 ISBN 978-1-4994-0552-1 (6 pack)
 ISBN 978-1-4994-0551-4 (library binding)
 1. Women astronauts—Juvenile literature. 2. Women scientists—Juvenile literature. I. Title.
 TL789.85.A1M27 2016
 629.450082—dc23

Manufactured in the United States of America

CPSIA Compliance Information: Batch #WS15PK: For Further Information contact Rosen Publishing, New York, New York at 1-800-237-9932

CONTENIDO

EL CIELO *NO* ES EL LÍMITE

A lo largo de una gran parte de la historia, las perspectivas de trabajo para las mujeres se limitaban al hogar. Los trabajos en el campo de las ciencias, la ingeniería y la tecnología estaban **dominados** por los hombres. Por suerte, algunas mujeres decididas persiguieron su pasión por las ciencias y el espacio. Gracias a las mujeres astronautas que abrieron camino, sabemos que para las mujeres no hay límites, ¡ni siquiera el cielo!

Desde la primera mujer que viajó al espacio hasta la primera mujer piloto de un **transbordador espacial**, estas mujeres son una constante inspiración para otras mujeres interesadas en la exploración del espacio y los viajes espaciales. Muchas mujeres astronautas, cada una con su propio talento, lograron que sus viajes espaciales fueran verdaderamente importantes. Conocer más sobre la vida de estas astronautas, te ayudará a entender mejor qué pasos deberás tomar si quieres dedicarte a esta fantástica profesión.

LOGROS ASOMBROSOS

Muchas de las mujeres pilotos que conocerás en este libro, trabajaron para la Administración Nacional de la Aeronáutica y el Espacio (NASA por sus siglas en inglés). La NASA es una agencia del gobierno de Estados Unidos que es líder mundial en la exploración del espacio y la investigación.

Pamela A. Melroy

Un denominador común que descubrirás al leer sobre estas mujeres es que muchas de estas increíbles astronautas tenían un especial interés en las ciencias y la ingeniería.

VALENTINA TERESHKOVA

Valentina Tereshkova nació en la **Unión Soviética** en 1937. Venía de una familia pobre de la clase trabajadora y dejó sus estudios a la edad de 16 años para ponerse a trabajar. Consiguió trabajo en una fábrica textil. A los 22 años, encontró un pasatiempo que le encantaba: el **paracaidismo**.

El programa espacial soviético se fijó en Tereshkova por su afición al paracaidismo. En 1961, se convirtió en cosmonauta, o astronauta soviética. Para prepararse, tuvo que pasar por un duro entrenamiento. El 16 de junio de 1963, Tereshkova se convirtió en la primera mujer en viajar al espacio cuando despegó a bordo de la nave espacial *Vostok 6*. La nave regresó a la Tierra tres días después, y Tereshkova se lanzó en paracaídas desde una altura de 20,000 pies (6,096 m). Fue su primer y único vuelo espacial, pero fue un vuelo histórico para las mujeres.

LOGROS ASOMBROSOS

Cuando Tereshkova regresó a la Tierra, fue laureada Héroe de la Unión Soviética. Su viaje al espacio abrió camino para las astronautas norteamericanas, pero estas no viajarían al espacio hasta la década de 1980.

Tereshkova se casó con Andriyan Nikolayev, otro cosmonauta. Como los dos habían viajado al espacio, los médicos y los científicos siguieron con especial interés la salud de la hija que tuvieron.

SALLY RIDE

Sally Ride nació en Los Ángeles, California, en 1951. De adolescente le gustaba jugar tenis y leer. Su profesora de Ciencias, Elizabeth Mommaerts, la animó a que cursara una carrera en Ciencias.

En la universidad, Ride estudió Lengua y Literatura Inglesa, así como **Física**, y obtuvo un doctorado en Física. Cuando Ride todavía estudiaba, leyó un anuncio en el periódico que solicitaba mujeres candidatas para el programa de astronautas de la NASA, y decidió presentarse. En 1978, Ride fue una de las seis mujeres elegidas para recibir entrenamiento.

Ride comenzó su carrera en la NASA como parte del equipo de tierra, un grupo de personas que mantiene comunicación con la tripulación espacial y les da apoyo. Su ejemplar trabajo dio resultado y fue elegida **especialista de misión** para el viaje del transbordador espacial *Challenger*.

LOGROS ASOMBROSOS

Sally Ride tenía solo 32 años cuando hizo su primer viaje espacial. En ese momento, se convirtió en la persona más joven en viajar al espacio.

¡El 18 de junio de 1983, Sally Ride se convirtió en la primera mujer estadounidense en viajar al espacio como tripulante del transbordador espacial *Challenger*!

En su primer viaje espacial, Sally Ride y el resto de la tripulación de cinco personas desplegaron **satélites** para Canadá e Indonesia. Ride utilizó un brazo robótico, un aparato que ella había ayudado a desarrollar, para llevar a cabo muchas de las tareas necesarias.

El 5 de octubre de 1984, Ride volvió al espacio, esta vez como miembro de la más grande tripulación hasta la fecha. Ride trabajó como especialista de misión y ayudó a lanzar otro satélite, además de llevar a cabo varias investigaciones científicas acerca de la Tierra. Entre los dos vuelos, Ride permaneció un total de 344 horas en el espacio.

Ride formó parte de la comisión que investigó la trágica explosión del *Challenger* en 1986 y la explosión del transbordador espacial *Columbia* en el 2003. Ride se jubiló de NASA en 1987. Posteriormente, fue profesora de Física y directora del Instituto Espacial de California. Sally Ride falleció el 23 de julio del 2012, pero nos dejó un **legado** impresionante.

LOGROS ASOMBROSOS

Sally Ride es miembro del Salón de la Fama Nacional de la Mujer y del Salón de la Fama de los Astronautas.

Sally Ride fundó su propia empresa llamada Sally Ride Science en el 2001. Su objetivo era inspirar a las jóvenes a que emprendieran carreras en las áreas de matemática, tecnología y ciencia.

CHRISTA MCAULIFFE

Christa McAuliffe nació en 1948 en Boston, Massachusetts. Su viaje al espacio fue muy importante por haber sido la primera persona no astronauta en formar parte de una misión espacial.

McAuliffe hizo la carrera de Magisterio y enseñó Historia de Estados Unidos en la escuela intermedia y en la secundaria. Su sueño era viajar al espacio. En 1985, NASA llevó a cabo un concurso para seleccionar a un maestro que pudiera participar en el proyecto "Un maestro en el espacio". Más de 11,000 maestros participaron en el concurso, y la ganadora fue McAuliffe. Viajó al Centro Espacial Johnson en Houston, Texas, para su entrenamiento.

Cuando subió a bordo del transbordador espacial *Challenger* el 28 de enero de 1986, tenía el respaldo de su familia y de su comunidad. Tristemente, a los pocos segundos de ser lanzado el *Challenger* explotó en el aire. McAuliffe, casada y con dos hijos, falleció en el accidente.

LOGROS ASOMBROSOS

Después de su muerte, McAuliffe recibió la Medalla de Honor Espacial del Congreso en homenaje a su valor.

Esta foto muestra a McAuliffe, durante su entrenamiento para acostumbrarse a la falta de gravedad que sentiría en el espacio.

MAE JEMISON

Mae Jemison nació en 1956 en Decatur, Alabama, y pasó su infancia en Chicago, Illinois, durante la época en la que los afroamericanos luchaban por conseguir la igualdad de derechos. A Jemison le encantaba leer y quería ser científica. Estaba decidida a ir a la universidad y lograr su objetivo.

Jemison estudió Ingeniería Química y Estudios Africanos. Aprendió a hablar ruso y swahili, una lengua africana. Después, fue a la escuela de medicina durante cuatro años y se graduó de Doctora en Medicina.

En 1983, Jemison fue a África Occidental donde ejerció medicina, se encargó del cuidado de la salud e higiene y llevó a cabo investigaciones médicas. En 1985, Jemison regresó a Estados Unidos. Gracias a su experiencia en medicina, química, ingeniería e idiomas, fue seleccionada como astronauta en 1987.

Cuando era joven, a Jemison le encantaba el libro *A Wrinkle in Time (Una arruga en el tiempo)*, de Madeline L'Engle, porque tenía que ver con las ciencias y porque sus héroes eran mujeres. Debido a sus muchos logros, muchas personas consideran que Mae Jemison es una heroína.

Jemison entró al programa de astronautas de la NASA, y recibió su entrenamiento en Texas. Trabajó en el Centro Espacial Kennedy en Florida, donde colaboró con el programa de lanzamiento de transbordadores espaciales. También trabajó en la programación de computadoras.

El 12 de septiembre de 1992, Jemison hizo un viaje espacial histórico a bordo del *Endeavor*. Fue la primera mujer afroamericana en viajar al espacio y orbitar la Tierra. En esa misión, ella fue la especialista científica. Durante ocho días, Jemison y otros astronautas de Estados Unidos y Japón llevaron a cabo experimentos científicos y médicos con la tripulación. Por ejemplo, Jemison estudió los efectos de la falta de gravedad en el cuerpo humano. La tripulación orbitó la Tierra 127 veces. Cuando Jemison regresó a la Tierra, había pasado 190.5 horas en el espacio.

LOGROS ASOMBROSOS

Mae Jemison se jubiló de la NASA en 1993. Después, fue profesora en Dartmouth College.

La primera misión espacial de Jemison fue también su última. Sin embargo, logró los objetivos que se propuso de niña y fue más lejos aún. Jemison se ha convertido en una científica de renombre mundial y una astronauta sin igual.

ELLEN OCHOA

Ellen Ochoa nació en 1958 en Los Ángeles, California. Estudió Física e Ingeniería Eléctrica. Su trabajo en la investigación de los sistemas **ópticos** llevó al desarrollo de tres procesos relacionados con la creación y manipulación de imágenes.

Ochoa ingresó como astronauta de la NASA en 1991. Trabajó sobre todo con computadoras y equipos robóticos. En 1993, Ochoa hizo historia al ser la primera mujer hispanoamericana en viajar al espacio. Viajó al espacio cuatro veces. Durante las 978 horas que pasó en el espacio, Ochoa participó en investigaciones y experimentos científicos para estudiar el clima y la atmósfera de la Tierra y su relación con el Sol. En 1999, Ochoa y el resto de la tripulación acoplaron a la Estación Espacial Internacional (ISS por sus siglas en inglés) y trasladaron cuatro toneladas (3.6 TM) de provisiones para la primera tripulación de astronautas que viviría allí.

LOGROS ASOMBROSOS

En el 2013, Ochoa fue nombrada directora del Centro Espacial Lyndon B. Johnson en Houston, Texas.

En su cargo actual de directora del Centro Espacial Johnson, Ochoa se encarga de que los transbordadores espaciales sean seguros, gestiona el presupuesto del centro espacial y educa al público acerca de la importancia de los viajes espaciales.

CHIAKI MUKAI

Chiaki Mukai nació en Japón en 1952. Estudió Medicina y posteriormente se especializó en cirugía **cardiovascular**.

En 1985, la Agencia Nacional de Desarrollo Espacial de Japón, la versión japonesa de la NASA, seleccionó a Mukai como especialista de carga útil. Un especialista de carga útil es alguien que participa en una misión espacial con el fin de realizar experimentos científicos o médicos. Mukai viajó al espacio por primera vez el 8 de julio de 1994. Fue la primera mujer japonesa en hacerlo.

El 29 de octubre de 1998, Mukai se convirtió en la primera persona japonesa en viajar al espacio más de una vez. Mukai volvió a viajar como especialista de carga útil en el transbordador *Discovery*, donde participó en más de 80 experimentos científicos y médicos. Algunos de los experimentos médicos consistieron en pruebas al sistema cardiovascular y al **sistema nervioso** en el espacio. Cuando Mukai aterrizó el 7 de noviembre de 1998, había permanecido más de 566 horas en el espacio.

Mukai recibió un reconocimiento especial del Congreso de Estados Unidos en 1995.

EILEEN COLLINS

Eileen Collins fue una astronauta pionera que consiguió muchos logros para las mujeres en la exploración del espacio. Nacida en Elmira, Nueva York, en 1956, Collins estudió Ciencias, Matemáticas y gestión de sistemas espaciales durante muchos años en la universidad.

Collins fue una de las primeras mujeres en solicitar ingreso a la Fuerza Aérea de Estados Unidos como piloto. Fue una de las cuatro mujeres aceptadas, y obtuvo su habilitación como piloto en 1979. Collins trabajó en la fuerza aérea como piloto, comandante, instructora de vuelo y profesora.

En 1990, la NASA seleccionó a Collins como astronauta. Trabajó como ingeniera de apoyo y en el **centro de control de vuelos espaciales**. También fue directora de varios departamentos de la NASA. El 3 de febrero de 1995, Collins fue la primera mujer en pilotar un transbordador espacial. El 23 de julio de 1999, Collins fue la primera mujer en comandar la misión de un transbordador espacial. Collins hizo cuatro viajes al espacio.

LOGROS ASOMBROSOS

Después de completar la difícil misión del *Discovery*, un oficial de la NASA comentó: "Para Eileen fue como un juego de niños".

La misión del transbordador espacial *Discovery* que comandó
Collins en el 2005 fue muy importante por ser la primera
misión tras la explosión del *Columbia* en el 2003. Collins y
su tripulación llevaron a cabo pruebas de nuevas técnicas de
seguridad y demostraron que la gente podía viajar al espacio
de forma segura.

TRACY CALDWELL DYSON

Desde temprana edad, a Tracy Caldwell Dyson le gustaba arreglar y construir cosas. Trabajó en la empresa de su padre como electricista. En la universidad, estudió y enseñó ciencias y se hizo experta en química. Estudió el lenguaje por señas y ruso, y aprendió a pilotar un avión. Sin embargo, su mayor sueño era poder ser astronauta.

El sueño de Dyson se hizo realidad en 1998 cuando entró a la NASA como astronauta. Utilizó sus conocimientos de la lengua rusa para trabajar con científicos rusos en el desarrollo de productos para la Estación Espacial Internacional. El 8 de agosto del 2007, Dyson viajó a la Estación Espacial Internacional como especialista de misión. Reparó y operó el equipo a bordo de la estación y dirigió cuatro **caminatas espaciales**. El 2 de abril del 2010, Dyson viajó en una segunda misión a la Estación Espacial Internacional como ingeniera de vuelo. ¡Esa misión duró 174 días!

LOGROS ASOMBROSOS

Dyson hizo un video desde la Estación Internacional y se valió del lenguaje por señas para que las personas con problemas de audición pudieran aprender acerca de la vida en el espacio.

Entre los dos viajes, Dyson pasó 188 días en el espacio, de los cuales, pasó 22 horas en caminatas espaciales.

PEGGY WHITSON

Peggy Whitson nació en 1960 en Mount Ayr, Iowa. Estudió Biología y Química y obtuvo un doctorado en Bioquímica. En 1986, Whitson entró a trabajar como investigadora en el Centro Espacial Johnson de la NASA.

Whitson comenzó su entrenamiento como astronauta en 1996. Fue seleccionada como ingeniera de vuelo de la Expedición # 5 a la Estación Internacional. El 5 de junio del 2002 Whitson viajó al espacio en el transbordador espacial *Endeavor*. Pasó 185 días en la Estación Internacional, donde trabajó en más de 20 experimentos. Durante esa misión, recibió el nombramiento de primera oficial científica de la Estación Espacial Internacional.

El 10 de octubre del 2007, Whitson participó en la Expedición 16 a la Estación Internacional. Esta vez, ella era la comandante–la primera mujer comandante de la Estación Espacial Internacional.

LOGROS ASOMBROSOS

Whitson trabajó de jefa del Cuerpo de Astronautas entre el 2009 y el 2012. Estaba a cargo de las actividades de los astronautas, incluyendo la selección de tripulación, organización de las misiones y apoyo a la Estación Espacial Internacional.

Whitson ha estado más tiempo en el espacio que ninguna otra mujer astronauta hasta la fecha. Ha acumulado casi 377 días en el espacio y unas 40 horas en caminatas espaciales.

TÚ TAMBIÉN PUEDES ALCANZAR LAS ESTRELLAS

Sin lugar a duda, las mujeres astronautas han dejado su huella en la exploración del espacio. Estas valientes mujeres pilotos abrieron su propio camino y demostraron que son tan capaces como los hombres. Desde Valentina Tereshkova, la primera mujer en viajar al espacio, hasta Peggy Whitson, la primera mujer comandante de la Estación Espacial Internacional, estas mujeres constituyen un magnífico ejemplo para otras mujeres de cómo se puede abrir camino y alcanzar las estrellas.

¿Crees que te gustaría trabajar para la NASA algún día? La mayoría de estas mujeres astronautas estudiaron ciencias durante muchos años, convirtiéndose en expertas en su campo. Puedes comenzar estudiando ciencias, tecnología, ingeniería y matemáticas. Las inspiradoras historias de estas asombrosas astronautas demuestran que con esfuerzo y determinación puedes lograr la carrera de tus sueños ¡y una experiencia verdaderamente fuera de este mundo!

Susan L. Still

Por cada mujer que sube a bordo de un vuelo espacial,
hay muchas otras que hacen trabajos muy importantes
en la NASA; trabajos de investigación, organización
y se aseguran de que las misiones tengan éxito.

LÍNEA DE TIEMPO DE LAS MUJERES EN LA EXPLORACIÓN DEL ESPACIO

1959 - Jerrie Cobb, una piloto de talento de Estados Unidos, es la primera mujer en presentarse y pasar las pruebas de astronautas para el Proyecto Mercury.

16 de junio de 1963 - La rusa Valentina Tereshkova es la primera mujer en viajar al espacio.

1978 - La NASA abre las puertas a las mujeres para que sean astronautas.

18 de junio de 1983 - Sally Ride es la primera mujer estadounidense en viajar al espacio.

28 de enero de 1986 - Christa McAuliffe es la primera persona, no astronauta, en viajar al espacio; el *Challenger* explota pocos segundos después de su lanzamiento, y muere toda la tripulación.

12 de septiembre de 1992 - Mae Jemison es la primera mujer afroamericana en viajar al espacio.

4 de abril de 1993 - Ellen Ochoa es la primera hispanoamericana en viajar al espacio.

8 de julio de 1994 - Chiaki Mukai es la primera mujer japonesa en viajar al espacio.

3 de febrero de 1995 - Eileen Collins es la primera mujer en pilotar un transbordador espacial.

23 de julio de 1999 - Eileen Collins es la primera mujer en comandar la misión de un transbordador espacial.

8 de agosto del 2007 - Tracy Caldwell Dyson viaja a la Estación Espacial Internacional como especialista de misión.

10 de octubre del 2007 - Peggy Whitson es la primera mujer comandante de la Estación Internacional durante la Expedición 16.

2001 - Sally Ride funda la organización Sally Ride Science.

2005 - Eileen Collins forma parte de la misión espacial *Discovery*, la primera tras la explosión del *Challenger* en el 2003.

2013 - Ellen Ochoa es nombrada directora del Centro Espacial Lyndon B. Johnson en Houston, Texas.

GLOSARIO

caminata espacial: Lo que hace un astronauta cuando se mueve o trabaja fuera de la nave espacial mientras está en el espacio exterior.

cardiovascular: Relacionado con el corazón y los vasos sanguíneos.

centro de control de vuelos espaciales: El lugar dentro de la NASA donde trabajan ingenieros y técnicos las 24 horas del día para dirigir los vuelos espaciales.

dominar: Ser la parte más importante o más grande de algo.

especialista de misión: Un astronauta de la NASA al que, durante un vuelo espacial, se le asigna cierta parte de la misión, por ejemplo, experimentos médicos o temas de ingeniería.

Física: El estudio de la materia, la energía, la fuerza y el movimiento, y la relación entre ellos.

legado: Aquello que se deja a los que vienen después.

óptico: Que tiene que ver con la visión.

paracaidismo: Deporte que consiste en lanzarse de un avión con una tela especial que hace que la caída sea más lenta.

satélite: Un objeto que circula la Tierra para recoger y enviar información o ayudar en la comunicación.

sistema nervioso: El sistema de los nervios en el cuerpo que envía mensajes para controlar los movimientos y las sensaciones entre el cerebro y las demás partes del cuerpo.

transbordador espacial: Una nave espacial utilizada para transportar gente y provisiones entre la Tierra y el espacio.

Unión Soviética: Entre 1922 y 1991, un país situado al este de Europa y al norte de Asia que fue una superpotencia mundial.

ÍNDICE

SITIOS DE INTERNET

Debido a que los enlaces de Internet cambian a menudo, PowerKids Press ha creado una lista de los sitios Internet que tratan sobre el tema de este libro. Este sitio se actualiza con regularidad. Por favor, usa este enlace para ver la lista: www.powerkidslinks.com/wmng/spac

TÍTULOS DE LA SERIE

MUJERES EN LAS CIENCIAS
MUJERES EN LOS DEPORTES
MUJERES EN LA EXPLORACIÓN DEL ESPACIO
MUJERES EN LAS FUERZAS ARMADAS
MUJERES EN LOS NEGOCIOS
MUJERES EN LA POLÍTICA

ISBN: 978-1-4994-0553-8
6-pack ISBN: 978-1-4994-0552-1

PowerKiDS press™

NC

MEET JOSH HAMILTON

Baseball's Unbelievable Comeback

Ethan Edwards